Líder
DEL REINO

UN VIAJE DE 21 DÍAS
PARA LIBERAR AL LÍDER
DEL REINO EN
TODOS NOSOTROS

TAYLOR MORTON

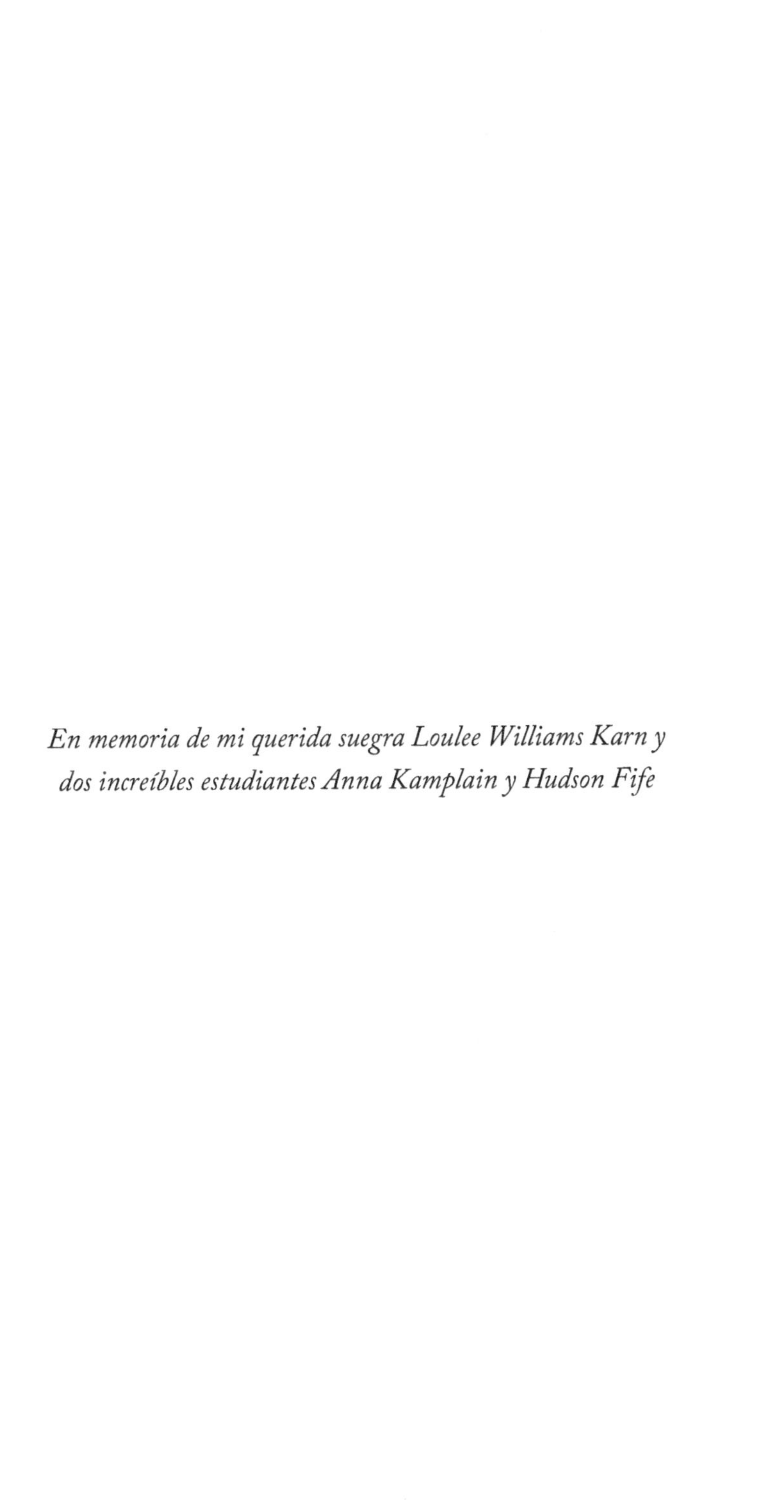

*En memoria de mi querida suegra Loulee Williams Karn y
dos increíbles estudiantes Anna Kamplain y Hudson Fife*

CONTENTS

Prólogo *(Brent Crowe)* vii

Prólogo *(Scott Dawson)* ix

Prefacio *(Dr. Billy Joy)* xi

Introducción xiii

Día 1   El Corazón del Líder 1

Día 2   El Enfoque del Líder 4

Día 3   La Identidad del Líder 7

Día 4   La Vida del Líder 10

Día 5   El Carácter del Líder 13

Día 6   El Pasado del Líder 16

Día 7   La Rutina del Líder... 19

Día 8   La Diversidad del Líder 22

Día 9   El Fruto del Líder 25

Día 10   La Voluntad de Perdonar del Líder 29

Día 11   La Capacidad de Unidad del Líder 33

Día 12   La Habilidad del Líder para Pacificar 38

Día 13   La Sed del Líder por la Palabra de Dios 41

Día 14   La Acción del Líder 45

Día 15   Un Líder en la Familia 50

Día 16   La Servicio del Líder.. 55

Día 17   La Integridad del Líder.. 60

Día 18   La Recompensa del Líder 64

Día 19   La Resistencia del Líder....................................... 67

Día 20   Un Líder Invierte en Otros 71

Día 21   Un Líder Termina Bien.. 75

Conclusión 79

Agradecimientos... 81

Sobre el Autor 85

PRÓLOGO

Dios, en su infinita sabiduría y perfección, lo creó con potencial y capacidad de liderazgo. De hecho, cultivar y administrar la influencia es algo que se remonta a la narrativa de la creación, y por lo tanto es parte de lo que significa ser hecho a imagen de Dios. El pecado y la rebelión de la humanidad distorsionan y desvalorizan la forma en que vemos y abordamos el tema del liderazgo. Por supuesto, la redención hecha posible por la obra terminada de Jesucristo, hace posible que volvamos a influir para la gloria de Dios. Por eso Pablo escribió, "Porque somos la obra maestra de Dios. Creados nuevos en Cristo Jesús, para que podamos hacer las cosas buenas que él planeó para nosotros desde hace mucho tiempo" (Efesios 2:10).

Piense en eso por un momento... ¡USTED es la obra maestra de DIOS!

¿Por qué?

Para que podamos hacer las cosas buenas que ÉL planeó para nosotros hace mucho tiempo.

Somos la obra de Dios, creación suya, para que podamos cumplir los deseos de Dios. Otra forma de verlo es que hasta que no nos convertimos en Su creación, no podemos cumplir los propósitos de un pueblo redimido. O como los eruditos ya han escrito: "No somos *salvos* por las buenas obras, sino *creados para ellas*." [1]

Esto nos lleva al tema de este increíble devocional escrito por mi amigo Taylor Morton: *preocuparse por las cosas buenas que Dios planeó para nosotros hace mucho tiempo es preocuparse por convertirse en un "Líder del Reino".* Las siguientes páginas están escritas por un pastor, empresario, practicante, líder, atleta, esposo, y ahora dos veces autor. En cada rol y con cada plataforma he sido testigo de cómo Taylor busca administrar y maximizar su influencia para promover el reino de Dios. Por eso puedo decir que estoy increíblemente orgulloso al ver ese espíritu de intencionalidad derramarse en su vida y en estas páginas.

Brent Crowe

---

[1] Jamieson, R., Fausset, A. R., & Brown, D. (1997). Commentary Critical and Ex- planatory on the Whole Bible (Vol. 2, p. 345). Oak Harbor, WA: Logos Research Systems, Inc.

PRÓLOGO

Liderazgo significa diferentes cosas para diferentes personas. Algunos quieren poder, otros desean prestigio, pero los seguidores de Cristo quieren influencia. Influencia para cambiar vidas con el Evangelio. El Apóstol Pablo experimentó el poder de Dios en su vida. El poder que lo convirtió en un líder del reino. Mientras usted camina por estas 21 características de un Líder del Reino, aprenda de Pablo. Entiendan que él está escribiendo desde una celda de la prisión. Su vida fue inquebrantable. Su vida había sido probada y tentada, desafiada y atacada, pero él permaneció fiel al llamado. Los líderes no se rinden si las cosas se ponen difíciles o son atacados. Es a través de las luchas y batallas que su fe se convertirá en su "propia" fe y no sólo en algo que usted ha escuchado. Se convierte en lo que usted es. Durante estos 21 días, ustedes serán desafiados a vivir la vida fuera de la mediocridad. Taylor ataca de frente la actitud de "sólo sobrellevar la situación" que desestabiliza a muchos líderes potenciales. Personalmente, he visto a Taylor hacer realidad los devocionales presentes en este increíble libro.

Entonces, ¿cuál es la oportunidad que tiene usted por delante? Es la oportunidad de su vida, de ser impulsado a vivir por algo más grande que usted mismo. Para que Dios lo moldee en... bueno... ¡un líder! A lo largo de estos 21 días, tome este libro de manera personal. No intente poner a otras personas en la imagen mental del devocional. Permita que estos devocionales lo moldeen a USTED. Durante más de treinta años, he visto a líderes levantarse y caer. Se levantan por la mano de Dios. ¿Por qué? Porque Dios siempre es fiel en conceder una plataforma para un líder. Sin embargo, debemos ser hombres y mujeres que pueden manejar la plataforma para perdurar. Esto significa ser los hombres y mujeres descritos en este libro. Espero ver lo que Dios hará en su vida cuando usted termine estos próximos 21 días. Usted será dirigido en la dirección correcta. D.L. Moody dijo hace más de cien años, "el mundo aún no ha visto lo que Dios puede hacer con una persona totalmente entregada a Cristo". ¡Mi oración es para que usted pueda ser esa persona! Vamos... ¡Aprendamos a vivir para ser un Líder del Reino

Scott Dawson

PREFACIO

El diccionario define a un *líder* como aquel que dirige o guía. La palabra *liderar* se define como mostrar el camino yendo adelante. Eso me gusta. Hay un viejo cliché que dice "No puedes liderar hacia donde no has estado". Ciertamente creo que eso no es sólo un cliché, es una verdad. En nuestra cultura moderna hay gran escasez de un fuerte liderazgo. O, para el caso, de cualquier tipo de liderazgo. Desafortunadamente, el fracaso en la producción de líderes se ha infiltrado específicamente en la iglesia y en el Reino de Dios en general.

Más allá de los fundamentos de la salvación, Dios está llamando a todos los que reclaman el nombre de Jesús como Salvador y Señor a ser líderes. Este llamado a ser un líder se basa en el discipulado donde uno tiene que estar firmemente dedicado al estudio y obediencia a la Palabra de Dios.

La antigua pregunta es la siguiente: ¿los líderes nacen o se hacen? La respuesta es... ¡sí! Como creyentes, Dios nos da a todos dones que deben ser usados para el avance del Reino. Independientemente de cómo usted se vea a sí mismo, Jesús lo ve como elegido y especialmente calificado para guiar a otros para Su gloria.

En el "*Líder del Reino*", Taylor Morton ha hecho un trabajo sobresaliente guiando al lector a través de cómo se ve un líder cristiano. Las 21 verdades en las que Taylor se enfoca en esta guía de estudio diario son transformadoras de la vida. Usted será animado y desafiado mientras descubre los requisitos bíblicos para el liderazgo más allá de su zona de confort.

Sin duda, si usted pasa tres semanas en este estudio, experimentará una transformación que sólo Jesús puede producir cuando comience a desatar el liderazgo del Reino dentro de usted.

Dr. Billy Joy

INTRODUCCIÓN

L*íder del Reino* es un devocional de veintiún días que lo lleva a través de un viaje, que pretende liberar al líder del reino que hay en usted. Veremos lo que el apóstol Pablo escribe a la Iglesia de Colosas en el capítulo tres de Colosenses. En los capítulos uno y dos de Colosenses, Pablo enfoca la mayoría de su carta en la enseñanza de la teología de la iglesia, pero en el capítulo tres se centra en la aplicación de la teología que enseñó en los capítulos anteriores. Él enseñó a la iglesia de Colosas cómo ser una nueva creación, y cómo ser líderes del reino. Vamos a sumergirnos en lo que parece ser un líder del Reino, en una cultura que se encuentra muy consumida por este mundo. Este devocional fue escrito para animar a los creyentes a levantarse y ser el líder que Dios los creó para ser. Antes de comenzar este viaje, es necesario entender el significado de un viaje de 21 días. Toma 21 días desarrollar un hábito, y la intención de este devocional es que usted tenga el hábito de trabajar para convertirse en un líder del Reino. No sólo por veintiún días, sino por el resto de su vida. ¿Qué hará usted para la gloria de Dios? ¿Cómo marcará una diferencia para el Reino? Haga que el día de hoy cuente. No hay tiempo que perder. ¡Libere al líder del Reino que tiene dentro! El Dr. Jay Strack dijo una vez: "Los líderes no se hacen en un día, sino que se hacen a diario". Comencemos el proceso diario para convertirnos en líderes del Reino.

Taylor Morton

EL CORAZÓN DEL LÍDER

Colosenses 3:1
Desde entonces habéis resucitado con Cristo,
poned vuestros corazones en las cosas de arriba
donde Cristo está a la derecha de Dios.

Uno de los elementos más dinámicos de un líder es el corazón del líder. El corazón es el centro de lo que usted es como líder. Cuando usted piensa en la palabra "corazón", ¿qué le viene a la mente? Hago esta pregunta cada vez que predico sobre Colosenses 3, y cada vez que hago esta pregunta, la respuesta es típicamente algo como: "amor", "Día de San Valentín", o algo de esa naturaleza. El corazón representa el amor, pero también representa nuestras pasiones y nuestros deseos.

Pablo nos insta en Colosenses 3:1 a poner nuestros corazones (pasiones) en las cosas de arriba, ya que cuando él se refiere a las cosas de arriba se está refiriendo al Reino de Dios.

La pregunta que debemos hacernos es: ¿Están nuestras pasiones y deseos enfocados en el Reino? Cuando pienso en la pregunta, hay tres pasiones principales, que me vienen a la mente: mi matrimonio, hablar y el fútbol. Esas son tres de mis pasiones. Amo a mi esposa. También tengo un fuego en mi corazón por hablar. Es una de mis cosas favoritas. Y en un momento de mi vida, me encantaba jugar al fútbol. Entonces, ¿cómo serían si yo pudiera transformar mi matrimonio, el hablar y el fútbol en pasiones y deseos del Reino? En lugar de solo estar casado, mi matrimonio sería un matrimonio que apunta a Jesús. En lugar de sólo hablar, estaría predicando el Evangelio. En lugar de practicar un deporte llamado fútbol, estaría jugando al fútbol para la gloria de Dios.

Cuando nuestros corazones están puestos en el Reino, nuestras pasiones se vuelven eternas en vez de una pasión que sólo se desvanece. Marcos 8:36 dice: "¿De qué le sirve al hombre ganar el mundo entero si pierde su alma?" Este mundo va a pasar, pero nuestra relación con Jesucristo durará para siempre. Es hora de que transformemos nuestras pasiones y deseos en algo que dure para siempre. Si vamos a ser líderes para el Reino, eso comienza con nuestro corazón.

Enumere sus tres principales pasiones:

____

____

____

Ahora, ¿cómo puede usted transformar esas pasiones en "Pasiones del Reino"?

____

____

____

____

____

____

Notas Adicionales:

____

____

____

____

____

Oración

*Señor, que mi corazón esté puesto en
ti y que mis pasiones y deseos traigan
gloria a tu nombre. Amen.*

EL ENFOQUE DEL LÍDER

Colosenses 3:2
Pongan sus mentes en las cosas de arriba,
no en las cosas terrenales.

El enfoque del líder es lo que típicamente hace que tenga un corazón de líder. En lo que usted se enfoca, su corazón también lo hace. La basura que entra significa la basura que sale. Con lo que usted llena su mente es con lo que usted moldea su mente. Puede elegir entre llenarla con cosas del Reino o cosas mundanas. Una de esas cosas trae vida, y la otra trae destrucción. Enfocarse es difícil para mucha gente, incluyéndome a mí mismo; yo tengo TDAHHHHHHHHHHHHHHHHHHHHHHHH. Fui y me hice la prueba en 2014 para ver cuáles eran mis resultados. Era muy evidente que no sólo tenía TDAH, sino que me había sido verificado en el noventa y ocho por ciento.

¿Qué causa que perdamos la concentración? Las distracciones y la falta de disciplina son dos cosas que pueden hacer que perdamos la concentración. El mundo quiere quitarnos el enfoque del reino. Juan 10:10 nos recuerda que "el ladrón viene a matar, a robar y a destruir". A Satanás nada le gustaría más que desviar su atención de lo que Dios tiene reservado para usted. Satanás quiere distraerlo con cosas de este mundo que parecen muy atractivas, para poder matarlo, robarlo y destruirlo. El ejemplo más simple que se me ocurre de enfoque es un caballo. Cuando era niño, mi Nana nos llevaba a mis dos hermanos y a mí al desfile de Navidad de Montevallo. Esto era algo que esperábamos con ansias cada año. Siempre me sorprendió cómo los caballos que llevaban los carruajes mantenían el rumbo. No se distraían. La razón es que los caballos llevaban anteojeras para ayudarles a mantener la dirección.

Tenemos que ponernos anteojeras para evitar las cosas que nos distraen del Reino. Esas anteojeras no las ponemos al pasar tiempo en la Palabra de Dios, al orar, y al rodearnos de un cuerpo de creyentes que están ahí para animarnos y hacernos responsables. La mente es algo valioso y frágil. Protéjala con su enfoque. Que su enfoque esté en el Reino.

Enumere tres cosas que lo desvían del rumbo:

____

____

____

Pase tiempo en la palabra de Dios esta semana. Separe un tiempo específico cada día para orar. Si usted no está conectado a un grupo local de creyentes, ¡conéctese!

Notas Adicionales:

____

____

____

____

____

____

____

Oración

Señor, protege mi mente para que se concentre en ti. Que mi mente se Enfoque en el Reino, para tu gloria. Amen.

LA IDENTIDAD DEL LÍDER

> *Colosenses 3:3*
> *Porque has muerto, y tu vida está ahora*
> *escondida con Cristo en Dios*

En 2017, Estados Unidos sufrió la mayor violación de seguridad cibernética que se recuerde. Más de la mitad de nuestra población se vio afectada cuando Equifax fue hackeada. Hoy en día, estamos en constante riesgo de que los hackers y los ladrones de identidad nos roben la identidad. Hay una batalla constante para tratar de proteger nuestras identidades a través de agentes de seguridad cibernética y diferentes compañías que ofrecen servicios para ayudar a protegerlo.

También hay una batalla espiritual todos los días por su identidad. Juan 10:10 afirma que "el ladrón viene a matar, robar y destruir". El enemigo (Satanás) quiere robar nuestra identidad.

Nuestra identidad se encuentra en Cristo, pero cada día el enemigo trata de convencernos de lo contrario. En Colosenses 3:3, Pablo nos dice que nuestra antigua identidad está muerta. Esta identidad muerta es la que el enemigo sigue tratando de resucitar, diciéndonos que el mundo tiene mucho que ofrecer. Este mundo va a pasar. Lo que este mundo tiene para ofrecer es sólo temporal, pero donde se encuentra nuestra verdadera identidad dura para siempre. Esa identidad se encuentra en Jesucristo. Tenemos que dejar de vivir como nuestro viejo yo, pero empezar a vivir en el nuevo yo que Dios quiere que seamos.

Cuando era niño, recuerdo haberme caído y haberme raspado la rodilla muchas veces. Cada vez que me raspaba la rodilla, siempre se me formaba una costra, y como cualquier otro niño, esta me picaba hasta que se curaba. Una vez curada, había piel nueva donde la anterior se había caído. Cuando pelamos una costra, no intentamos volver a pegarla, nos deshacemos de ella.

Un líder del reino deja el pasado en el pasado y sigue adelante. Miramos al pasado para guiarnos, pero no nos aferramos a él. Vivimos en la nueva identidad a la que Cristo nos ha llamado. Sea lo que sea a lo que usted se esté aferrando, déjelo ir, tire la costra y deje que la piel se cure. ¡Siga adelante!

¿Cuáles son las "costras" de las que usted necesita deshacerse?

____

____

____

____

____

Notas Adicionales:

____

____

____

____

____

____

____

____

____

____

____

Oración

Señor, recuérdame quién soy en ti. Ayúdame a morir a mi carne diariamente para que en todas las cosas pueda glorificarte. Amén.

DÍA 4

LA VIDA DEL LÍDER

> *Colosenses 3:4*
> *Cuando Cristo, que es su vida, aparezca, entonces*
> *ustedes también aparecerán con él en gloria.*

Cuando algo es su "vida", ese "algo" consume lo que usted es. Algunos dirían que ese "algo" es su "dios". En el estado de Alabama, o el fútbol de Alabama es su "vida" o el fútbol de Auburn es su "vida". En este estado, esos dos equipos atraen a mucha gente. En un sábado cualquiera, habrá más de 100.000 personas en un estadio adorando a un equipo de fútbol. Me encanta lo que Rick Burgess dice sobre el fútbol, él dice: "el fútbol es un gran deporte, pero un dios terrible". Cuando usted afirma que algo es su vida, está esencialmente reclamando que esa cosa es su dios. Bueno, cuando Pablo está afirmando que

Cristo es nuestra "vida", está afirmando que Cristo es nuestro Dios. ¿Estamos viviendo como si Cristo fuera nuestra vida? Mateo 6:33 dice "*Buscad primero el Reino de Dios y también todas estas cosas os serán añadidas*". Cuando Cristo es nuestra vida, se trata de poner a Jesús en primer lugar en todo lo que hacemos.

Como líderes, tendemos a quedar atrapados en proyectos y agendas. Ninguno de ellos es malo, pero cuando vienen a nuestra vida y toman el lugar de Cristo, hemos caído en la trampa del enemigo. Mantenga a Cristo en primer lugar en todo lo que haga. Deje de fraccionar su relación con Él. Evite salir de la iglesia dejando la fe en el banco. Llévela con usted todos los días en cada aspecto de su vida. La forma en que vivimos nuestras vidas es adoración. Viva de una manera en la que usted diga que su vida es Cristo y no otra cosa que no sea Él. Como líder del Reino, debemos mantenerlo a Él primero.

Haga una lista de sus 5 prioridades principales: (sea honesto)
1)______________________________________
2)______________________________________
3)______________________________________
4)______________________________________
5)______________________________________

¿Qué necesita usted hacer para asegurarse de que Cristo ocupa el primer lugar en su vida? ¿Qué está tomando Su lugar en su vida?

Notas Adicionales:

Oración

Señor, ayúdame a priorizar mi vida según tu voluntad. Lo que sea que se interponga en el lugar que debes ocupar en mi vida, ayúdame a eliminarlo como corresponde. Amen.

EL CARÁCTER DEL LÍDER

> *Colosenses 3:5-6*
> *Maten, por tanto, todo lo que pertenezca a su naturaleza*
> *terrenal: inmoralidad sexual, impureza, lujuria,*
> *malos deseos y codicia, que es idolatría. Por*
> *estas cosas, la ira de Dios está llegando.*

Toma una eternidad crear una reputación, y solo un momento destruirlo todo. Como líderes, debemos construir diariamente nuestro carácter con lo que hacemos en nuestra vida privada. El Dr. Brent Crowe lo dice mejor de esta manera: "lo que se haga en la oscuridad se revelará en la luz". Quién usted es cuando nadie más está mirando se revelará en algún momento, y usted no podrá ocultar quién es realmente.

Como líder, nuestro carácter lo es todo. Debemos dar muerte a las cosas que son de nuestra carne, como se enumera en Colosenses 3:5. Si esas cosas perduran en nuestras vidas, entonces en algún momento saldrán a la luz. Uno de mis líderes y mentores favoritos es el Dr. Jay Strack. Me encanta la SLU, SLU (*Student Leadership University*) significa *Universidad de Liderazgo Estudiantil*; sin la SLU, no estaría donde estoy hoy. En la SLU 101, recuerdo al Dr. Jay compartiendo una historia sobre la pasta de dientes. Estaba hablando con los Tampa Bay Buccaneers, y preguntó a los jugadores mientras sostenía un tubo de pasta de dientes: "¿Qué saldrá cuando presione este tubo?" Todos los jugadores, por supuesto, respondieron, "pasta de dientes blanca" que era lo que se esperaba porque así es como se veía. Lo que los jugadores no sabían era que el Dr. Jay había reemplazado la pasta de dientes con salsa picante, y cuando apretó el tubo, salió salsa picante roja. Por supuesto, los jugadores estaban sorprendidos por el hecho de que saliera salsa picante roja en lugar de pasta de dientes blanca. Lo que el Dr. Jay le estaba mostrando a los Bucaneros era que quién usted es, se revelará cuando usted sea presionado. Cuando la vida se pone difícil y cuando usted es "presionado", lo que usted es, eventualmente sale a la luz.

Lo que usted hace en las horas tranquilas se revelará cuando la luz se encienda. Como ex jugador de fútbol, lo que hacía en los entrenamientos se revelaba durante el juego. Desarrollar nuestro carácter como líderes es muy importante. No debemos tomar parte en ninguno de los actos perversos mencionados en Colosenses 3:5; esos deben ser aniquilados para que nunca salgan a la luz. Cuando usted es "presionado", la parte que se manifiesta será la que esté guiada por el Reino de Dios. Muera a su carne y viva para Jesús diariamente; ¡vale la pena!

Cuando usted es "presionado", ¿qué saldrá de usted?

Notas Adicionales:

Oración

Señor, dame la fuerza para matar las cosas de mi carne que me impiden ser todo lo que puedo ser para tu gloria. Amen.

EL PASADO DEL LÍDER

Colosenses 3:7-8
Solían caminar de esta manera, en la vida que una vez vivieron. Pero ahora también desháganse de todas estas cosas: ira, rabia, malicia, calumnia y lenguaje obsceno.

Su pasado no define quién usted es, pero seguro que crea una gran oportunidad de aprendizaje. Pablo afirma que solíamos caminar de "estas" maneras. Decir "Solíamos" es importante, no significa que continuemos haciéndolo. Nuestro pasado tiene un propósito, y ese propósito es aprender, no siempre replicar. Si usted está tratando de crear un cambio en su vida y sigue haciendo lo mismo, esa es la definición de locura. Si usted está tratando de dejar el lenguaje obsceno, pero sigue rodeándose de gente que siempre está usando lenguaje vulgar, usted probablemente seguirá por ese camino.

Usted se convierte en la persona con la que anda. Esto en algún momento, tiene que hacer clic para nosotros. Las escrituras son muy claras: las escrituras nos dicen que si me amas obedecerás mis órdenes. Si conocemos de verdad a Jesús y si le amamos de verdad, obedeceremos sus órdenes. Empezaremos a vivir de verdad para él. Esto no significa que descuidemos u olvidemos totalmente nuestro pasado, sino que aprendemos de él. Estaba escuchando un podcast en el que Louie Giglio hablaba de manera brillante sobre el pecado. Él dijo que obviamente nunca llegaremos al punto en que estemos sin pecado. Vivimos en un mundo caído, así que obviamente todavía habrá pecado en nuestra vida, pero lo que sí podemos hacer es "pecar menos". La mayoría de nosotros nos aferramos a nuestro pasado o nos arrepentimos tanto de él que llevamos una carga, y el peso es demasiado grande. Cuando pienso en el pasado y a veces en la carga que conlleva, me acuerdo de una foto que Kyle Creel tomó en Tampa. Kyle estaba conduciendo de vuelta a Tuscaloosa, Alabama, cuando vio un coche y en el maletero había una motocicleta. Cuando él vio el coche, quiso reírse, pero luego se dio cuenta de que muchas veces, somos como ese coche. Llevamos cosas que Dios nunca quiso que lleváramos. Para ser un gran líder debemos aprender del pasado, y cualquier cosa de nuestro pasado que nos impida ser lo mejor que podamos ser para Jesús debemos dejarla morir.

Deje morir el pasado, y recuerde que su pasado no define quién usted es.

Tome una hoja de papel y escriba las cosas de su pasado que son una carga continua. Enróllela y tírela a la basura, porque ya no representa lo que usted es.

Notas Adicionales:

____

____

____

____

____

____

____

____

____

____

____

____

____

Oración

*Señor, recuérdame quién soy en ti. Me
llamas libre de culpa y me has perdonado.
Recuérdame que soy un hijo de Dios.
Amen.*

LA RUTINA DEL LÍDER

Colosenses 3:9-10

No se mientan, ya que se han despojado de su antiguo yo con sus prácticas y se han puesto el nuevo yo, que se está renovando en el conocimiento a imagen de su Creador.

Desafortunadamente, la rutina tiene una mala reputación en la iglesia. He oído decir "tenga cuidado de no caer en la rutina". Las rutinas de dejar la iglesia o de estar cómodo en la iglesia, pueden ser malas, y debemos hacer todo lo posible por evitarlas. La rutina que nos hace ser menos de lo que Dios nos ha llamado a ser, puede ser devastadora, pero veamos esto desde un ángulo totalmente diferente.

¿Qué pasa si nuestra rutina glorifica a Cristo? ¿Y si nuestra rutina nos prepara para el día? ¿Y si nuestra rutina nos ayuda a ser un creyente efectivo? La mayoría de las rutinas de la gente están rodeadas de la idea de cómo puedo salir adelante. Transformemos esa mentalidad y creemos una rutina diaria que nos ayude a causar el mayor impacto mientras estamos aquí en la Tierra. El versículo 9 de Colosenses 3 revela que hemos terminado con nuestro antiguo yo. Esto significa que hemos terminado con nuestras viejas rutinas y ahora nos hemos puesto el nuevo yo, que se está renovando en el conocimiento de la imagen del Creador. Esto crea lo que me gusta llamar rutinas de poder. Si estamos renovando algo, significa que estamos constantemente haciendo algo. Esta constante renovación de nuestras mentes significa que estamos haciendo algo diariamente para transformar nuestra mente en una mente que está enfocada en el Reino. Esa rutina podría ser algo tan simple como pasar tiempo en la Palabra de Dios a diario. Esa es una rutina que puede transformar nuestras vidas. Desafíese a sí mismo para crear rutinas de poder que renueven su mente a diario. Cree una rutina de poder que lo haga más efectivo como creyente. Las rutinas no son malas; pueden ser una de las cosas más poderosas que transforman vidas para el Reino.

Tómese un momento y marque de tres a cinco potenciales rutinas de poder a las que pueda comprometerse. Elija tres que le convengan y le hagan un creyente más efectivo.

Rutinas de Poder:

Lectura diaria de la Biblia | Lectura diaria de libros | Meditación diaria | Ejercicio | Memorizar las Escrituras | Planear su semana | Oración

* **Estas son todas rutinas de poder. Si usted tiene una rutina de poder que no está en la lista, por favor compártala con nosotros en taylormorton.net**

Notas Adicionales:

Oración

Señor, ayúdame a crear rutinas que te honren y te glorifiquen. Amen.

LA DIVERSIDAD DEL LÍDER

Colosenses 3:11
Aquí no hay gentil o judío, circunciso o incircunciso, culto ni inculto, esclavo o libre, sino que Cristo es todo, y está en todo.

En la época en que Pablo escribió Colosenses era inaudito que los gentiles y los judíos se asociaran. Pienso en cuando Jesús tomó un atajo y se encontró con una mujer samaritana. A pesar de la incredulidad de los discípulos sobre lo que Jesús estaba haciendo, él se reunió con ella. Él sabía lo diferente que ella era. Sabía que había tenido cinco maridos. También sabía que el hombre con el que estaba ahora no era su marido. Aun así, se le acercó y le ofreció la salvación.

Jesús muestra un gran principio de liderazgo aquí: Muestra Su corazón por la diversidad. Su corazón es para todos. No importa si usted es judío o gentil. No importa si usted es esclavo o libre, Jesús lo ama de la misma manera.

Como líder del Reino, usted debe ver a la gente desde el lente de Jesús, con un corazón lleno de diversidad. En el 2011, yo estaba en el último año de la escuela secundaria, y Dios puso en mi corazón comenzar un ministerio llamado Convergencia. La visión de Converge Ministries era y es romper las barreras raciales, sociales y denominacionales que impiden que el cuerpo de Cristo se reúna para adorar al único Dios verdadero y viviente. Como creyentes, debemos romper cualquier barrera que pueda impedir la expansión de nuestra influencia. No importa la etnia, no importa el estatus social, o no importa el estatus financiero de alguien, debemos verlos como lo haría Jesús.

Un verdadero líder del Reino ve una raza - la raza humana. El verdadero líder del Reino ve sólo un estatus social - la oportunidad de entablar una conversación. El verdadero líder del Reino ve un estatus financiero - que el dinero que tenemos es sólo el dinero que Dios nos permite pedir prestado. ¿Qué estamos haciendo con ese dinero para promover Su Reino? Un verdadero líder es diverso. Él o ella tiene un corazón para la diversidad, pero en esa diversidad, tratan de reunir a todos para el único Dios verdadero y viviente.

¿Quiénes son las personas que son diferentes a usted y con las cuales le es difícil estar cerca?

¿Cómo podría usted llevarlos a su grupo de amigos o a la iglesia?

Notas Adicionales:

Oración

Señor, ayúdame a ver a todas las personas, incluso a las que son diferentes a mí, como Tus hijos hechos a Tu imagen. Dame la osadía de salir de mi zona de confort y comprometerme con alguien que sea diferente. Amen.

DÍA 9

EL FRUTO DEL LÍDER

Mateo 7:16 dice: "Por sus frutos los conoceréis". Aquí en Mateo, Jesús está advirtiendo sobre los falsos profetas. Les advierte que los conocerán por sus frutos. Jesús describe cómo un buen árbol produce buenos frutos y un árbol malo produce malos frutos. Es tan simple como eso, el principio es muy claro. Usted conocerá a un verdadero creyente por el fruto que produce, por la vida que lleva.

Si usted es un líder del reino, estará produciendo frutos de compasión, bondad, humildad, gentileza y paciencia. La compasión que usted tiene por la gente se extenderá más allá de las personas que están cerca de usted, porque usted tendrá un corazón para todas las personas. Tendrá un corazón para servir a la gente. El Dr. Jay y el Dr. Brent Crowe lo expresan mejor cuando dicen: "El liderazgo comienza a los pies de Jesús". Con un liderazgo que comienza a los pies de Jesús, el líder tiene el corazón de un sirviente. Un corazón que está dispuesto a ir más allá y a servir a los demás. En segundo lugar, está el fruto de la bondad. Literalmente, es tener la intención de ser amable con los demás. Quiero desafiarlo a hacer tres cosas amables hoy. Compre el almuerzo de la persona que se encuentra en el coche detrás de usted en el drive-thru. A la hora del almuerzo, siéntese junto al estudiante con el que nadie habla. Llame o envíe un mensaje de texto a un amigo o compañero de trabajo que usted sabe que está pasando por dificultades. Hágales saber que está orando por ellos. No esté tan pendiente de recibir bendiciones, que se olvide de ser una bendición para alguien hoy. No se olvide de ser humilde. Tenga un espíritu de humildad. La gente confunde la palabra humildad. La humildad no es menospreciarse a sí mismo, humildad es ayudar a que otros se levanten. Sea el mayor animador de la sala. Después, sea gentil. Camine de una manera que no sea intimidante. Camine de una manera que usted sea accesible. Sea la persona con la que alguien puede contar. Sea el hombro en el que alguien pueda llorar. Tenga una gentileza que atraiga y dirija a la gente hacia a Jesús.

Por último, tenga paciencia. Cuando su jefe esté irritable y parezca que siempre tiene algo grosero que decirle, haga una pausa, respire profundamente, y trate de pensar en lo que puede estar pasando. Ore por él. Anímelo. Cuando su camarero o camarera no pueda traerle lo que usted ordenó de manera "exacta", relájese y comprenda que esta puede ser una oportunidad que Dios ha puesto delante de usted para ser Sus manos y pies y producir el fruto que un líder del Reino debería.

¿Cuáles son algunos actos de bondad, al azar, que puedo poner en acción hoy?

____

____

____

____

____

____

____

Anote las personas con las que usted necesita tener más paciencia. La gente a la que usted necesita mostrar más compasión.

____

____

____

____

____

____

____

____

Notas Adicionales:

Oración

Señor, ayúdame a ser un líder que produzca
buenos frutos. Ayúdame a mostrar compasión
a la gente que creaste a tu imagen. Ayúdame
a mostrar amabilidad a aquellos que Tú
has creado y colocado intencionalmente
en mi vida. Enséñame a ser humilde y
a ser paciente y a darme cuenta de que
todo tiene un propósito que es más grande
de lo que puedo comprender. Amen.

LA VOLUNTAD DE PERDONAR DEL LÍDER

Colosenses 3:13
Soportémonos y perdonémonos si alguien
tiene una queja contra alguien.

Una de mis historias favoritas de perdón, además de la de Jesús, es la de Esaú y Jacob. Jacob tenía mucho miedo de que Esaú no lo perdonara por robar su primogenitura y su bendición, pero cuando Esaú y Jacob finalmente se encontraron muchos años después, Esaú corrió hacia él y lo perdonó sin condiciones.

El perdón que Esaú le mostró a Jacob encierra varias cosas. La primera, que Esaú lo perdonó sin esperar nada a cambio. En Génesis 33:9, Esaú dice: "Ya tengo bastante, hermano mío; guarda lo que tienes para ti". Esaú estaba contento con lo que tenía. Si vamos a ser líderes con corazón para perdonar, debemos estar contentos con lo que tenemos. No envidie nada ni a nadie. La satisfacción no sólo no espera nada de nadie, sino que exige excelencia en nuestras vidas. Si caminamos con la actitud de que alguien nos "debe" algo, entonces nunca llegaremos a ninguna parte. Siempre estaremos frenados. Si usted quiere ser un líder, vaya y gáneselo. Si usted quiere esa posición en el trabajo, no "espere", vaya y gánesela. No se queje de lo que no tiene. Si usted quiere esa posición en su equipo deportivo, no haga que sus padres se sienten y hablen con el entrenador, póngase los pantalones de niño o niña y vaya a ganarse ese lugar. Estén contentos y no esperen nada. Perdonen incondicionalmente. La segunda cosa que pasó, y que fue bastante impresionante, fue que a través de Esaú perdonando a Jacob, su perdón dirigió a Jacob hacia Jesús. En Génesis 33:10, dice: *"Y Jacob dijo: No, por favor, si he hallado gracia ante tus ojos, recibe este regalo que te ofrezco, pues he visto tu rostro como si hubiera visto el rostro de Dios, y te has complacido conmigo"*. Cuando perdonamos, estamos dirigiendo a la gente hacia Jesús. Jacob vio el rostro de Dios a través del perdón de Esaú. Cuando perdonamos a las personas que nos han hecho mucho daño, la única respuesta que parece tener sentido es Jesús. Sólo un Líder del Reino podría perdonar a alguien cuando le ha robado algo tan importante como su derecho de nacimiento y su bendición, pero gracias a Jesús, podemos perdonar lo imperdonable y cambiar el mundo. Por último, un líder del Reino deja morir el pasado. Génesis 33:12 dice: *"Entonces Esaú dijo: 'Sigamos nuestro viaje; vayamos, y yo iré delante de ti"*. Sigamos adelante. Cuando dejamos morir el pasado, no tenemos nada más contra la persona que nos ha hecho daño. Cada uno puede avanzar esperando lo mejor. El verdadero perdón requiere satisfacción. El verdadero perdón lleva a la gente a Jesús. El verdadero perdón nos invita a seguir adelante.

¿A quién necesita usted perdonar?

____

____

____

____

¿Las personas a las que usted tiene que perdonar tienen una relación con Jesús?

____

____

____

____

Si no es así, ¿por dónde necesita usted empezar el proceso de evangelización?

____

____

____

____

Hable con su pastor sobre cómo compartir el Evangelio con sus amigos perdidos a los que necesita perdonar.

Notas Adicionales:

____

____

____

____

____

____

____

____

____

____

____

____

____

____

Oración

_Señor, perdóname cuando te falle. Señor,
ayúdame a perdonar como Tú me perdonaste._

Notas Adicionales:

LA CAPACIDAD DE UNIDAD DEL LÍDER

Colosenses 3:14
Y por encima de todas estas virtudes vístanse de
amor, que los une a todos en perfecta unidad.

La unidad es el acto de unirse. Cuando pienso en unidad, inmediatamente vienen a mi mente, los juegos olímpicos. El mundo entero se reúne para competir. Los estadios se llenan, los patrocinios se venden y se forma una alianza. ¿Qué es lo que une todos estos factores? El amor por el país, el dinero, los atletas estrella, y un simple amor por las competiciones. Entonces, ¿qué lo une con la gente que Dios ha puesto en su vida? Dios ha puesto a la gente en su vida para que estén unidos, para que se unan en torno al Evangelio. Piense por un momento en lo que ha unido a la familia de su iglesia. En diciembre de 2017, yo estaba sirviendo como pastor estudiantil en la Iglesia Bautista Valley View en Tuscaloosa, Alabama. Sólo llevaba dos meses en Valley View cuando ocurrió lo inimaginable. Una estudiante de mi ministerio juvenil llamada Anna Kamplain experimentó algo que sacudiría nuestro ministerio estudiantil hasta su núcleo. Anna era una brillante y amorosa chica de noveno grado. Una palabra que la definía era: "Alegría". Anna se había sometido recientemente a una cirugía de trasplante de hígado, y esa cirugía, le había traído gran esperanza. Once días después del trasplante, Anna fue dada de alta del hospital. Ella y sus padres estaban en el ascensor para subir al coche e irse a casa cuando Anna se puso muy débil y se desmayó. En ese momento, fue llevada de vuelta a su habitación para ser evaluada. Finalmente, Anna fue trasladada a la UCI durante la noche, mientras su equipo médico trataba de averiguar qué estaba pasando. Más tarde, al día siguiente, Anna fue llevada de nuevo a la sala de operaciones, y falleció más tarde esa misma noche. Esto afectó en gran manera a todo nuestro ministerio estudiantil y a nuestra iglesia. Tanto los estudiantes como los padres estaban de luto. El funeral de Anna estaba lleno. Más de mil personas llenaron nuestro centro de culto para presentar sus respetos a Anna. También nuestro ministerio estudiantil decidió hacer un servicio conmemorativo para ella. Este servicio reunió a estudiantes de todos los orígenes y razas. Los estudiantes se cuestionaron unos a otros, y fueron animados por el Evangelio, y se inspiraron en el legado que Anna dejó. La tragedia reunió a los estudiantes esa noche, pero el amor por Anna y por Jesús los unió. Anna podía unificar una habitación en el momento en que entraba. Su sola presencia lo hacía. Ella irradiaba el amor de Dios en cada aspecto de su vida. Tengan alegría como Ana.

Sea un líder de la unidad. Si usted intenta ser un líder y no puede unir a la gente, empiece con el amor. Ame a Dios y ame a la gente. ¡Ame a Dios con todo su corazón! Ame a la gente como usted se ama a sí mismo. Ponga a los demás primero. Antes de mostrarle a la gente cuánto sabe, debe mostrarles cuan importantes son ellos para usted. Un líder sabe la importancia de la unidad. Se da cuenta de que somos más fuertes juntos. La capacidad de un líder para unificar dependerá de la aceptación que tenga por la gente que Dios ha puesto en su vida. Como líder, si usted no es digno de confianza, probablemente ha perdido la habilidad de liderar a ese grupo en particular. Compruébelo usted mismo. Asegúrese de poner a los demás antes que a usted mismo. Cuando jugaba al fútbol en el instituto e incluso en la universidad, entraba en el vestuario y había carteles por todas partes. Estos carteles tenían dichos. Por ejemplo, en Alabama, un cartel que veía todos los días era uno que decía "esfuerzo". Cuando usted salía del vestuario para practicar ese día, pensaba en el esfuerzo. El esfuerzo que pondría en la práctica o en el juego ese día. Un cartel que recuerdo con claridad cuando estaba en el instituto, era uno que tenía la frase: "El EQUIPO es más grande que yo". Esa es la mentalidad que debemos tener como líderes. Otros antes que yo, y eso comienza con un corazón de amor por los demás. Ame a Dios. Ame a la gente.

¿Qué puede hacer para poner a alguien por encima de usted mismo hoy?

¿Por quién necesita orar hoy?

Enumere a tres personas en las que usted pueda marcar una diferencia en su vida hoy, encontrando una manera sencilla de servirles.

1)

2)

3)

Notas Adicionales:

____

____

____

____

____

____

____

____

____

____

____

____

____

____

____

____

Oración

*Señor, ayúdame a amar a la
gente como Tú la amas.*

LA HABILIDAD DEL LÍDER PARA PACIFICAR

Colosenses 3:15
Dejen que la paz de Cristo gobierne en sus corazones,
ya que como miembros de un solo cuerpo ustedes
fueron llamados a la paz y a la gratitud.

Si usted ve alguna noticia hoy, se dará cuenta que siempre hay tensión. Alguien siempre está listo para debatir el punto de vista de otro. La gente tiende a mostrar a todo el mundo aquello a lo que se opone, pero nadie puede mostrar aquello por lo que está de acuerdo. Un líder debe estar dispuesto a cerrar las brechas, unirse y traer paz. Si su primer pensamiento sobre alguien es negativo, su capacidad de hacer la paz está muy por debajo de lo necesario. Un líder les da a todos los que entran en contacto con él, una oportunidad. Sin importar la raza, la religión o el estatus socioeconómico, les da una oportunidad. El primer pensamiento es siempre positivo. Pablo nos anima a dejar que la paz de Cristo gobierne en nuestros corazones. Si la paz va a gobernar en nuestras vidas, el pensamiento positivo tiene que ser una prioridad. Servir con entusiasmo tiene que convertirse en parte de lo que somos. Viendo a los demás como Dios ve a la gente es como nuestra visión tiene que cambiar. He trabajado en varias iglesias. Ya sea una iglesia grande o pequeña, siempre hay una persona a la que me gusta llamar agitador de ollas. Un agitador de ollas es alguien que siempre está buscando algo de qué hablar. Un agitador inventa algo sobre alguien sólo para crear una conversación. Un agitador encuentra placer en hablar a espaldas de alguien. No se convierta en un agitador. Sea un guardián de la paz. No se emocione porque alguien más falla, sino ayúdelo a levantarse. Sea el mayor animador de la sala, y emociónese cuando otros tengan éxito. Esa es la marca de un verdadero líder.

¿A quién tiene que acercarse y disculparse por haberlo apuñalado por la espalda?

____

____

____

Escriba una lista de agitadores de ollas con los que usted debe dejar de pasar tanto tiempo:

1)____

2)____

3)____

Notas Adicionales:

____

____

____

____

____

____

Oración

Señor, ayúdame a no ser un agitador de ollas. Ayúdame a glorificarte con mis acciones hacia todas las personas. Entrena mi mente para tener una actitud positiva.

LA SED DEL LÍDER POR LA PALABRA DE DIOS

> *Colosenses 3:16*
> *Que la palabra de Cristo habite ricamente entre ustedes,*
> *enseñándoles y exhortándolos unos a otros con toda*
> *sabiduría mediante salmos, himnos y cantos espirituales,*
> *cantando a Dios con gratitud en sus corazones.*

Un líder del Reino hace de la Biblia algo muy importante. Dos de mis personas favoritas en todo el estado de Georgia son Chuck Allen y Tripp Atkinson. Chuck es el pastor de la iglesia de Sugar Hill, y Tripp es el pastor estudiantil. Ellos están haciendo cosas increíbles por el Reino de Dios en la ciudad de Sugar Hill, que se están extendiendo por todo el mundo. La misión de su iglesia es esta: "Ellos creen que la Biblia es algo importante, y creen que Jesús es lo más importante de todo." Ellos trabajan para que cada líder haga su misión de corazón. Ellos necesitan hacer de la Palabra de Dios algo muy importante en su vida, y necesitan hacer de Jesús algo aún más importante. Cuando los líderes hacen de la Biblia y de Jesús algo fundamental en sus vidas, otros los siguen. Otros hacen lo mismo. En el versículo dieciséis, Pablo anima a la iglesia a enseñarse y amonestarse unos a otros y la forma en que esto se hace es conociendo la Palabra de Dios. La única manera de conocerla es pasar tiempo en ella. Leer algo y conocer algo son dos cosas totalmente diferentes. Cuando llegué al campus de la Universidad de Alabama, me dieron un libro de jugadas de defensa que tenía más de 500 páginas. Podía leerlo todo el día, pero si no conocía el libro de jugadas, no me iba a beneficiar en absoluto en la práctica. Estaría corriendo sin rumbo en el campo de práctica haciendo el ridículo. Cuando usted conoce el libro de jugadas, todo se vuelve natural. Usted ni siquiera tiene que pensar, y reacciona cuando las cosas suceden porque está bien preparado. Cuando usted conoce la Palabra de Dios, sus reacciones son muy diferentes a las que se producen cuando usted lee la Biblia como un requisito. Permita que la Palabra de Dios sea algo transcendental en su vida para que usted pueda marcar la diferencia para el Reino y para que pueda conocer más a su creador cada día.

¿Cuándo fue la última vez, que usted hizo de pasar tiempo con Dios, una prioridad?

____

____

____

____

¿Cuál fue la última escritura que usted memorizó? No diga Juan 3:16.

____

____

____

____

____

Escoja un verso cada semana para memorizarlo durante el resto del mes. Permita que la palabra de Dios se convierta en parte de lo que usted es. Vea el Salmo 119:11.

____

____

____

____

____

____

____

Notas Adicionales:

Oración

*Señor, que yo esté sediento de Tu Palabra.
Guíame mientras la estudio. Ayúdame a
aplicar Tu Palabra en cada aspecto de mi vida.*

LA ACCIÓN DEL LÍDER

Colosenses 3:17
Y todo lo que hagan, ya sea de palabra o, de hecho,
háganlo en el nombre del Señor Jesús, dando
gracias a Dios Padre a través de él.

No siempre se trata de lo que usted hace, sino de por qué lo hace y cómo lo hace. Cuando usted va a un chequeo y se reúne con su médico, y él le dice que usted tiene que someterse a una cirugía. El "por qué" ese médico está practicando la medicina determinará su estado de confort durante el proceso. Si usted percibe que el médico simplemente está practicando la medicina por los beneficios financieros, entonces eso podría llevarlo a tener algunas molestias antes de su procedimiento. Pero si usted conoce el corazón del doctor y sabe que él practica la medicina "porque" le gusta verdaderamente ayudar a la gente y usted nota que el médico tiene un corazón de servicio por la gente y se preocupa por ver su mejoría física, entonces la forma en que usted se siente acerca del médico que le va a operar cambia. Usted se siente más cómodo, y es porque confía en el "por qué" el médico está operando. Nuestro "por qué" debería ser una de las cosas más importantes de nosotros como líderes. Como líderes del Reino, nuestro "por qué" no está definido en nada de este mundo, nuestro "por qué" está definido en nuestro propósito desde Cristo. Hacemos lo que Pablo anima a los Colosenses a hacer, y es hacer todo en el nombre del Señor Jesús. Nuestro "por qué" es más grande que nosotros, porque nuestro "por qué" es eterno. Es un cambio de corazón y de mente. Cuando ponemos nuestros corazones en las cosas de arriba y cuando enfocamos nuestras mentes en las cosas de arriba, nuestro "por qué" comienza a transformarse en un porqué del "Reino". El objetivo del "por qué" de los líderes del Reino debería ser dejar de fraccionar su relación con Cristo y mirar cada situación a través del primer lente de Cristo. Por ejemplo, una tarde mi amigo Evan y yo fuimos a Family Dollar a comprar unos dulces de $1 antes del cine. Ocasionalmente hacemos eso en lugar de pagar $6 por dulces en el cine. Nos aprovisionamos de Sour Patch Kids y Sour Gummy Worms, y fuimos a la caja. Mientras nos íbamos, una señora mayor interrumpió nuestra transacción preguntando al cajero cuánto costaba una lata de Raviolis. Cuando escuchó la cantidad, dijo "Bueno, todo lo que puedo pagar es el queso" La escuché, pero no le presté atención a ella ni a sus necesidades porque estaba más ocupado con los dulces baratos y el cine. Yo estaba más molesto que preocupado, y desafortunadamente dejé pasar la oportunidad de mirar con el lente de Cristo primero. Si hubiera mirado la situación a través del lente de Cristo en vez del lente de un adicto a los caramelos, la situación podría haber sido un poco diferente. Simplemente le habría dicho a la señora que pusiera sus dos artículos en mi transacción y se fuera, pero no era domingo ni miércoles y no tenía la ropa de la iglesia puesta y no estaba en mi camilla de estudiante de Valley View representando a la iglesia a la que sirvo. Esa es la compartimentación que tiene que parar. No debería importar qué día es, quién es o dónde estamos; deberíamos hacer todo como si estuviéramos sirviendo al Señor y eso incluye ir a Family Dollar. Deberíamos servir porque somos una nueva creación, y Pablo le dice claramente a la iglesia de Colosas, que nuestra vida está ahora escondida en Cristo, así que todo lo que hagamos debería reflejarlo.

¿Hay alguna situación en la que usted haya perdido la oportunidad de mirar primero con el "lente de Cristo"?

____

____

____

____

____

____

¿Qué hubiera hecho diferente en esa situación, si usted hubiera mirado primero con el "lente de Cristo"?

____

____

____

____

____

¿Qué área de su vida está usted compartiendo en su relación con Cristo?

____

____

____

____

Notas Adicionales:

Oración

Señor, ayúdame a ser todo para ti en cada aspecto de mi vida. Ayúdame a ver cada situación a través de tus ojos y no los míos. Señor, perdóname por no ver a la gente y a las situaciones de la manera en que Tú los ves.

UN LÍDER EN LA FAMILIA

Colosenses 3:18-21

Esposas, sométanse a sus maridos, como corresponde al Señor. Maridos, amen a sus esposas y no sean duros con ellas. Hijos, obedezcan a sus padres en todo, porque esto agrada al Señor. Padres no exasperen a sus hijos, o se desanimarán.

"Cómo va la familia, así va la nación." Estas palabras fueron pronunciadas brillantemente en el SLU 201 por el Dr. Jay Strack. Mientras nuestra cultura cambia rápidamente, la familia se continúa profanando. Hace diez años, cuando estudiaba en el ministerio estudiantil de los Bautistas de Centreville, el núcleo familiar estaba roto, pero había al menos un padre en la foto. Hoy en día, la familia es aún más profanada cuando el estudiante ya no vive con ninguno de sus padres. El estudiante puede vivir con una abuela, una tía o un tío, o en el sistema de adopción. Estamos en una batalla por la familia. El resultado de la profanación familiar está llevando a una epidemia de opiáceos, el consumo de alcohol, y la falta de hogar se está convirtiendo en algo más normal. ¿Cómo salvamos a la familia? Pablo da al Reino un esquema de cómo debería ser la familia. Primero, Pablo se dirige a las esposas. Las esposas juegan un papel crucial en la familia. La familia no es una sola persona; la familia está formada por múltiples personas que sirven con diferentes capacidades. Las esposas juegan un papel crucial en la familia. Pablo escribe que la esposa debe someterse a su marido, como corresponde al Señor. Este texto no significa que la esposa debe tener una obediencia ciega a su marido, sino que debe someterse al liderazgo, si éste es consistente con la forma en que un líder del Reino debe vivir. En otras palabras, debe ser un gran apoyo. Sea un animador. Sé que he mencionado mucho a la SLU en este devocional, pero hay muchas grandes verdades que he aprendido de su organización. El Dr. Jay les dice a los estudiantes que tal vez usted no sea la persona más inteligente de la sala, tal vez no sea la persona más atlética de la sala, pero una cosa que sí puede ser es el mayor animador de la sala. No sólo animaría a las esposas y futuras esposas a ser grandes animadoras, sino también a los maridos a ser grandes animadores también. ¡Yo les diría a los maridos que los sueños y metas de sus esposas también importan! Pablo entonces les dice a los maridos que amen a sus esposas y que no sean duros con ellas. Dios está llamando a los maridos a amar a sus esposas como Cristo amó a la iglesia. Dios no está llamando a los hombres a gobernar a sus esposas como dictadores, sino a servir bien a sus esposas para ponerlas en primer lugar. Para animarlas a ser las mejores esposas que puedan ser. Para dirigir a sus esposas hacia Cristo. Guiar a sus esposas de tal manera que traigan honor y gloria al Reino. Este tipo de relación entre marido y mujer puede cambiar una cultura y puede cambiar una generación porque eventualmente marido y esposa se convertirán en madre y padre. Pablo les dice a los padres que amen a sus hijos y no los amarguen o los exasperen, sino que los animen. Guíenlos; diríjanlos hacia Jesús. Pablo dice a los hijos que obedezcan a sus padres, porque hacerlo complace a Dios. Independientemente de donde usted encaje en esta categoría creo que todos podemos ser mejores esposos, mejores padres, mejores esposas, mejores madres, mejores hijos y mejores hijas. Recuperemos a la familia. Recuperemos a nuestra nación y veamos lo que Dios puede hacer a través de la familia cuando apliquemos Su modelo para ella.

Escriba algunas características que Dios quiere que usted tenga como esposo o esposa

____

____

____

____

____

____

¿Qué clase de hijo o hija es usted? ¿Es desobediente? ¿Está complaciendo a Dios con la forma en que trata a sus padres?

____

____

____

____

____

____

Si está casado actualmente, ¿cuándo fue la última vez que usted sirvió a su cónyuge y puso sus necesidades por encima de las suyas?

____

____

____

____

____

¡Lo reto a que anime a su cónyuge, a sus padres o a sus hijos hoy! Conviértanse en el mayor animador de la sala. ¿Cuál es una manera de animar a alguien hoy?

____

____

____

____

____

Notas Adicionales:

____

____

____

____

____

____

____

____

Oración

Señor, no soy perfecto, pero lo intento. Quiero ser parte de la generación que recupera a la familia. Ayúdame a ser quien me has llamado a ser. Ayúdame a liderar bien y ayúdame a ser el mayor animador de la sala.

LA SERVICIO DEL LÍDER

Colosenses 3:22
Esclavos, obedezcan en todo a sus amos terrenales;
y háganlo, no sólo cuando ellos tengan sus ojos
puestos en ustedes y para ganarse su favor, sino con
sinceridad de corazón y reverencia al Señor.

El término "esclavo" en la era bíblica significaba algo diferente al término "esclavo" de hoy en día. El término "esclavo" podía referirse a alguien que trabajaba para pagar una deuda que pudiera tener, y en este contexto, este parece ser el uso aquí. Pablo le dice al "esclavo" que obedezca a sus amos terrenales en todo. Y no sólo que trabaje duro y obedezca cuando lo vigilan, sino que obedezca en todo momento. Como líderes del Reino, estamos llamados a una vida de servicio. Ese es el acto de humildad que separa a un líder del Reino de un simple líder mundano. Ser humilde no tiene que ver con menospreciarse a sí mismo, sino con elevar a los demás. Pablo anima a los que trabajan para su amo a hacer las cosas bien. Comparemos esto con nuestras situaciones diarias. No somos esclavos de los jefes terrenales, pero sí servimos. Servimos en equipos deportivos, en el aula, en un lugar de trabajo, y en muchos ministerios estudiantiles, y hay personas a las que Dios ha puesto en una posición de autoridad por una razón. Dios quiere que usted les sirva bien. Dios quiere que usted haga lo correcto incluso cuando nadie más está mirando. En mi época en la secundaria, la práctica de video era algo novedoso. Durante los calurosos veranos y otoños en Alabama, era fácil eliminar jugadas cuando el entrenador no estaba mirando. Varios de los chicos lo hacían, y no voy a mentir, yo lo hacía de vez en cuando. Hasta que, en un entrenamiento del Coach Battles (el entrenador de fútbol de mi escuela secundaria), un camarógrafo se sentó en una torre de metal y comenzó a filmar el entrenamiento. Al principio, era aterrador; teníamos miedo de hacer una jugada o de ser displicentes durante cualquier parte de la práctica. Bueno, después de varias semanas de tener al camarógrafo en el entrenamiento, era fácil olvidar que él estaba allí, y era fácil eliminar jugadas de nuevo porque usted creía que nadie estaba mirando. Todo esto fue muy divertido hasta que el entrenador Battles fue y observó la grabación. Después de ver la película, él se dio cuenta de que varios chicos estaban quitando jugadas y no daban todo de sí, y entonces él decidió que al día siguiente todos pagaríamos el precio por no dar el 100% cuando pensábamos que nadie estaba mirando. Ese pago fue de varios cientos de subidas y algunas carreras de 110 yardas. La importancia de dar el 100% en el fútbol cuando nadie está mirando es vital para el éxito del equipo. La importancia de darlo todo en nuestro camino con Cristo, incluso cuando nadie está mirando, puede ser la diferencia entre una vida de desesperación y una vida abundante para el Reino. Lo que sucede en la oscuridad se revela finalmente en la luz. Lo que sucede cuando nadie está mirando es su verdadero yo. En esos momentos, su carácter se está desarrollando. Todos pueden poner una cara falsa y actuar como si lo tuvieran todo y no hubieran estropeado nada. Lo reto a ser la misma persona que está delante de cientos como lo está delante del Único. Aunque pensemos que podemos estar solos, nunca estamos solos si tenemos una relación con Cristo. Dios es omnipresente. Él está con usted en las situaciones más oscuras. Haga lo correcto incluso cuando nadie lo esté mirando; sea todo lo que pueda ser para el Reino. Viva una vida de integridad en la oscuridad para que cuando usted esté en la luz pueda irradiar la gloria de Cristo aún más. Sirva bien a las personas que Dios ha puesto en autoridad sobre su vida no sólo para obtener un "Atta boy o Atta girl" sino porque usted tiene un impecable estándar de excelencia que supera cualquier tesoro mundano que pueda llegar a su vida. Usted es un hijo de Dios. Viva como tal.

¿Cuándo fue la última vez que usted vivió en la oscuridad lo que proclama en la luz?

____

____

____

____

____

¿Qué es aquello con lo que usted tiene que lidiar en la oscuridad y que necesita sacar de su vida?

____

____

____

____

____

¿Quiénes son algunas figuras de autoridad en su vida? ¿Cómo puede usted servirles bien?

____

____

____

____

____

____

Notas Adicionales:

____

____

____

____

____

____

____

____

____

____

____

____

Oración

*Señor, ayúdame a manifestar mi verdadero
yo. Ayúdame a ser la misma persona que
soy en la luz y en la oscuridad. En mis
momentos de formación de carácter, ayúdame
a ser más como tú y no como el resto del
mundo. Guíame en mi toma de decisiones.
Dame una mente y un corazón puros.*

LA INTEGRIDAD DEL LÍDER

> *Colosenses 3:23*
> *Hagan lo que hagan, háganlo con todo el corazón, como si trabajaran para el Señor, no para los amos humanos.*

La integridad es el arte de hacer lo correcto cuando nadie está mirando. El devocional de hoy se complementa bien con el de ayer. Para ser un líder del Reino, la integridad lo es todo. Pablo en el versículo 22 anima a los esclavos a obedecer a sus amos incluso cuando nadie está mirando. Pablo luego complementa ese versículo diciéndoles que trabajen para el Señor y no para los amos humanos. Esa es nuestra motivación para entender que nuestro verdadero amo es Dios. Independientemente de quién sea su entrenador, su maestro, o su jefe, todo debe hacerse con un corazón íntegro, porque estamos trabajando para el Señor, no para el hombre. Esto hace que el entrenamiento en la práctica sea más importante porque ya no estamos fraccionando nuestra relación con Cristo. Nuestra vida refleja nuestra relación con Cristo. La forma en que nos conducimos en la práctica, la forma en que caminamos por los pasillos de nuestra escuela y la forma en que nos desempeñamos en el trabajo, ya no se trata de medidas terrenales o tesoros terrenales, sino que se trata de glorificar a Cristo a través de todo lo que hacemos. Esto da literalmente un propósito a cada momento de nuestra vida. Ahora importa cómo interactuamos con un extraño en la tienda de comestibles. Importa cómo respondemos cuando nuestro jefe nos dice que hagamos algo que no nos gusta hacer. Importa cuando no terminamos un ejercicio porque nos desentendimos de la jugada porque creímos que nadie nos miraba. El estándar de excelencia ya no se encuentra en complacer a un entrenador, un jefe o un profesor, sino que el estándar de excelencia se encuentra ahora en glorificar a Aquel que nos creó. Haga que cada momento cuente. Sea excelente en todas las cosas porque usted está actuando para Dios. ¿Cómo cambia esto la forma en que hacemos las cosas? ¿Cómo cambia esto la forma en que respondemos a nuestros padres cuando simplemente están tratando de criarnos? ¿Cómo cambia esto la forma en que nos comportamos en la práctica, en el aula o en el lugar de trabajo? Sea un líder del reino y recuerde que todo lo que usted hace tiene un propósito y que todo lo que hace es para honrar a Dios o para desagradarle.

Enumere algunas formas en que usted puede mostrar integridad ante Dios

____

____

____

____

____

____

____

____

¿Quién cercano a usted, replica una vida de integridad?

____

____

____

____

____

____

____

____

¡Pídale a un amigo que le ayude a mantenerse bajo control! ¡Todos necesitamos a alguien que nos ayude en nuestro viaje y que nos ayude a hacer que los momentos cuenten!

Notas Adicionales:

Oración

Señor, recuérdame que trabajo para ti y que todo lo que hago tiene un propósito. Oro para que yo pueda glorificarte en los momentos en los que me has bendecido.

DÍA 18

LA RECOMPENSA DEL LÍDER

> *Colosenses 3:24-25*
> *Ya que saben que recibirán una herencia del Señor como*
> *recompensa. Es al Señor Cristo a quien ustedes sirven.*
> *Cualquiera que haga el mal pagará por sus*
> *errores, y no hay favoritismo.*

Recompensas, ¡me encanta el *Senior awards Day*! Usted puede ver lo que un grupo de estudiantes de secundaria han logrado. El 1 de abril de 2007, perdí a mi hermano Trent en un accidente de ATV. Él estaba pescando con un amigo, y al cruzar una carretera, fue atropellado por una todoterreno, y falleció al instante. Trent era creyente, alabado sea el señor por eso, pero cuando falleció, mis padres no sólo querían recibir flores, ellos querían dar algo, así que crearon un fondo de becas en su nombre. En la última década, el Fondo de Becas Trent McDaniel Morton ha dado más de 100.000 dólares a estudiantes de todo el país. Los premios son un gran honor para varios estudiantes de último año de secundaria que se lo merecen. Hacemos todo lo posible para que el premio tenga un impacto eterno y no sólo una recompensa terrenal. Muchas veces cuando recibimos una recompensa es simplemente una recompensa terrenal que pasará. Los estudiantes que reciben la beca son elegidos con base en sus logros previos y sus objetivos. Esperamos dar la beca a futuros líderes que impactarán el Reino. Pablo le dice a la iglesia de Colosas que su herencia es del Señor, y no de ninguna fuente terrenal. La herencia es la vida eterna; es estar en la presencia de Jesús por toda la eternidad. Nada se puede comparar con eso. Las Escrituras dicen que es mejor un día en Tus tribunales que mil en cualquier otro lugar. ¡Qué herencia! Eso es mejor que cualquier cantidad de dinero, tierra o "juguetes" que podamos recibir. Viaje con lo eterno en perspectiva. Recuerde que esta vida es fugaz. Estamos aquí hoy y nos iremos mañana. Haga que el momento cuente y viva con la perspectiva de la eternidad.

¿Qué recompensa ha recibido usted? ¿Cómo puede utilizar esa recompensa para causar un impacto en el Reino?

____

____

____

¿Cómo puede usted vivir dentro de la perspectiva de lo eterno?

____

____

____

____

Notas Adicionales:

____

____

____

____

____

____

Oración

Gracias por el precioso regalo de la vida. Ayúdame a vivir con la perspectiva de la eternidad. Ayúdame a hacer que los momentos que me has dado cuenten y a no enfocarme tanto en las cosas materiales.

LA RESISTENCIA DEL LÍDER

Filipenses 3:13-14

Hermanos y hermanas, no me considero que yo mismo lo haya logrado ya. Pero una cosa sí hago: olvidando lo que queda atrás y esforzándome por alcanzar lo que está adelante, me dirijo hacia la meta para ganar el premio para el que Dios me ha hecho un llamado celestial en Cristo Jesús.

Cuando mi hermano Trent falleció, mi familia y yo sufrimos mucho. Él tenía doce años cuando entró en la eternidad. Después del funeral, mis padres me dieron todo lo que encontraron en su bolsillo. Era un poco robusto, así que tenía una barra de Snickers (yo habría tenido un Twix). Le encantaba tener guerras con balas de aire comprimido, así que tenía un bolsillo lleno de balines anaranjados (era el Rambo de las guerras de aire comprimido). Pero luego, me mostraron algo que se encuentra en mi escritorio y que miro todos los días. Era una tarjeta, y en esa tarjeta, tenía la escritura de Filipenses 3:13-14 junto con la frase, "Nunca, nunca renuncies". Esa frase viene del famoso discurso de Winston Churchill cuando gritó a todo pulmón: "Nunca se rindan. Nunca se rindan. Nunca, nunca, nunca, en nada, grande o pequeño, ya sea grande o pequeño nunca renuncien." Este fue el discurso de Churchill en la escuela Harrow el 29 de octubre de 1941. Continuar el proceso fue su mensaje. ¡Esto hace eco con las palabras de Pablo cuando le dice a los filipenses que se esfuercen por lo que se encuentra delante y sigan avanzando! Para mí, esto era extremadamente importante. Pablo pedía a los filipenses que siguieran adelante en su viaje de santificación. Santificación es una gran palabra, pero también lo es la palabra Frapuccino y la mayoría de nosotros gastamos 5,75 dólares en eso al menos tres días a la semana. Santificación significa ser más como Jesús. No rendirse; la meta es llegar a ser más como Cristo. A través de la tarjeta que se encontró en el bolsillo de mi hermano, se me recuerda diariamente que es demasiado pronto para renunciar. El acto de santificación ocurre cada día de pecado. No es un sprint sino una maratón. La santificación no ocurre en un día, sino que ocurre a diario. No va a ser fácil, pero usted debe seguir adelante. La vida será difícil, habrá altibajos, pero la consistencia como líder del reino es esencial para ser resistente. Entonces, ¿qué tan resistente es usted? Cuando una cosa no sale bien, ¿se regresa a los viejos hábitos? ¿O continúa la búsqueda de la santificación para ser más parecido a Cristo hoy que ayer? ¡Nunca, nunca renuncie!

¿Cuáles son algunas formas en las que usted puede continuar el acto de santificación?

¿Está usted pasando por algo que quiere dejar? Si es así, ¿qué es? ¡Háganoslo saber para que podamos orar por usted! Preséntelo en taylormorton.net

Notas Adicionales:

Oración

Señor, ayúdame a ser más como tú.
Santifícame diariamente. Ayúdame
a mantenerme disciplinado y
comprometido con el proceso.

UN LÍDER INVIERTE EN OTROS

Filipenses 2:3-4
No hagan nada por egoísmo o vanidad. Más bien, con humildad, valoren a los demás por encima de ustedes mismos.

Se necesita de un equipo para lograr un sueño. Todos hemos escuchado esa declaración una multitud de veces. Si se necesita un equipo para lograr un sueño, entonces debemos cuidar a los que están en nuestro equipo. Una forma de hacerlo es valorar a los demás por encima de nosotros mismos, cuidar de las necesidades de los demás primero. La vida cristiana es una vida que llama al altruismo, no al egoísmo. Si la humildad tiene que ver con levantar a los demás, entonces servir al equipo se convierte más en preocuparse por "ellos" que por "mí". Una forma de servir bien a un equipo es tratar a todos como si fueran un diez. Tendemos a tratar a la gente de cierta manera, por su código postal, la marca de ropa, o quiénes son sus padres. ¿Y si, por un momento, nada de eso importara? En primer lugar, no debería, pero si dejáramos eso de lado por un momento y tratáramos a todo el mundo como si fuera un 10, independientemente de cualquiera de esos factores, ¿qué tan diferente se vería su equipo? ¿Qué tipo de impacto usted tendría en las vidas de esos individuos? Ellos también importan, y usted podría ser la razón por la que ellos salen de cualquier situación en la que se encuentran. Otra forma de servir bien a su equipo es celebrar las victorias. Lo hacemos emocionándonos cuando otros tienen éxito en lugar de ponernos celosos porque algo no salió bien para usted, pero salió bien para alguien más. Encuentre maneras de servir a su equipo. Sirva a sus amigos y a sus compañeros de clase porque usted sólo será tan exitoso como la gente que lo rodea. Jesús tenía toda autoridad dada en el cielo, ¿y qué hizo? Lavó los pies de sus discípulos. Les sirvió bien. El poder no está en lo que usted puede tomar, sino en lo que usted puede dar. Pregúntese esto: ¿Las personas que Dios ha puesto a mi alrededor son mejores porque estoy allí? ¿Está usted trayendo luz u oscuridad a la habitación?

¿Cuál es la forma en que usted puede servir a la gente que Dios ha puesto a su alrededor?

____

____

____

____

____

____

¿Por qué está usted celoso del éxito de los demás?

____

____

____

____

____

¿Se pone a sí mismo primero o pone a los demás primero?

____

____

____

____

____

____

¿De qué manera celebra el logro de un amigo, familiar o compañero de trabajo?

____

____

____

____

____

____

Notas Adicionales:

____

____

____

____

____

____

____

Oración

_Ayúdame a ponerte a ti primero y ayúdame
a amar a la gente como tú lo haces.
Ayúdame a darme cuenta de que no se trata
de mí. Ayúdame a tener la mentalidad
de que un equipo es más grande que yo,
y ayúdame a servir bien a los demás._

UN LÍDER TERMINA BIEN

2 Timoteo 4:7
He peleado la buena batalla, he terminado
la carrera, he mantenido la fe.

Pablo se enfrentaba a la muerte, se acercaba al final de su ministerio, y se enfrentaba a un martirio inminente. Sus palabras a Timoteo durante su segundo encarcelamiento romano fueron: "He peleado la buena batalla, he terminado la carrera, he mantenido la fe". En otras palabras, "He terminado bien". Por supuesto, Pablo cometió errores, pero se esforzó cada día por vivir una vida que glorificara a Dios. Él era un líder del reino. Él dirigía bien. En Romanos 12:1, insta a los hermanos y hermanas en Cristo a ser sacrificios vivos por el Reino. Los instó a estar todos adentro. La diferencia entre ganar un campeonato nacional y quedar en segundo lugar es terminar bien. En 2013, jugamos contra Notre Dame en el campeonato nacional de la Orange Bowl. El marcador en el medio tiempo era de 24-0. Llegamos a los vestuarios animando como si ya hubiéramos ganado el partido. El entrenador Saban entró en seguida y nos recordó que aún nos quedaban 30 minutos de fútbol para jugar de una manera que sólo el entrenador Saban podía. El entrenador comprendió la importancia de terminar bien. Entendió que no se trataba del tablero de anotaciones, sino del nivel de excelencia con el que nos conducíamos a través de los cuatro cuartos del juego. Es importante para nosotros terminar bien y tener un alto nivel de excelencia en la forma en que vivimos. En los cuatro trimestres de nuestra vida, debemos tener un alto nivel de excelencia. No sólo en los momentos del campamento en la iglesia o en la iglesia los domingos o miércoles, sino en cada momento de nuestras vidas. Los líderes del Reino persiguen la excelencia. Viven con un alto nivel de excelencia sin importar dónde están o con quién están, porque se dan cuenta de que los momentos que se les han dado, no los han recibido para ellos mismos, sino para glorificar al único Dios verdadero y viviente. Cuando usted llegue al final de su vida, será capaz de decir: "¿He peleado la buena batalla, he terminado la carrera, he mantenido la fe?" Es importante empezar bien, luchar bien, y obviamente terminar bien.

Después de completar este viaje de 21 días, ¿qué ha cambiado en usted? ¿Es diferente o se mantiene igual?

____

____

____

____

____

____

____

____

____

____

____

____

____

____

¿Cuáles son algunas de las formas en que usted puede terminar bien?

____

____

____

____

____

____

¿Quiénes son algunos ejemplos de personas en su vida que han terminado bien?

____

____

____

____

____

Notas Adicionales:

____

____

____

____

____

____

____

Oración

Señor, ayúdame a ser el líder del reino que es aquello para lo que me creaste. Ayúdame a terminar bien y a no ser perezoso en la rutina de la vida. Cada parte de mí te pertenece a ti y sólo a ti. Úsame para impactar tu Reino y para establecer una marca eterna.

CONCLUSIÓN

Un líder del Reino vive una vida que se rinde a Jesús, se toma el tiempo para dirigir a otros y cambia el mundo. Al concluir este viaje de 21 días, mi esperanza y oración es que usted sea esa clase de líder. Dios lo ha rescatado por Su gracia, lo ha dotado de talentos y habilidades, y lo ha colocado en su esfera de influencia. A usted se le han dado grandes cosas, pero también tiene la gran responsabilidad de hacer esa diferencia. En la medida en que usted permita que Dios lo use para ser un líder del Reino, me encantaría saber de usted. Por favor, comparta sus historias conmigo en línea en www.taylormorton.net. ¡Que Dios lo bendiga mientras usted aprovecha su impacto para marcar una diferencia para Su reino!

Taylor Morton
Agosto 2019

AGRADECIMIENTOS

El liderazgo es algo que debe ser manejado con delicadeza y no es algo que todo el mundo comprenda. El liderazgo no se trata de gobernar sobre los demás, sino de cuidar de aquellos que Dios le ha confiado. Estoy agradecido por los muchos líderes, que apartaron tiempo de sus ocupadas vidas para invertirlo en mí.

Para mi bella esposa Linlee, la vida no ha sido fácil para nosotros. Fuiste creada para mí y yo para ti. Has sido mi fuerza y mi roca en mis días más difíciles. Has pasado por más cosas de lo que nadie debería experimentar en esta vida y eres sin duda, la persona más fuerte que conozco. También eres la persona más desinteresada que conozco. Pones a los demás antes que, a ti misma, y me siento bendecido al llamarte mi esposa de Proverbios 31.

A mamá, papá y T.J., estoy muy agradecido por el vínculo que tenemos como familia. Estoy agradecido por un papá que nunca ha vacilado en su liderazgo y siempre me ha dirigido hacia Jesús. Estoy agradecida por una mamá que me amó incondicionalmente y una mamá que hizo muchos sacrificios para que Trent, T.J. y yo nunca nos quedáramos fuera. También estoy agradecida por el vínculo que tengo con mi hermano menor T.J., hemos permanecido juntos a través de todo, y oro para que sigamos así.

Para el Sr. David y Grantland, no podría haber pedido un mejor suegro y cuñado. Ustedes me han acogido como suyo, y les estaré eternamente agradecido por ello. A Scott y Brent, gracias por escribir las primeras palabras de este libro. Ambos han invertido mucho en mí, y no podría estar más agradecido por su liderazgo y amistad. Me dieron una oportunidad cuando nadie más lo había hecho. Gracias por ser dos de mis más significativos modelos a seguir y dos hombres de Dios de los que aprendo continuamente.

Al Dr. Jay Strack, introdujiste en mi la idea de liderazgo y un sueño a mí y a cientos de miles de otros estudiantes. En 2009 mi padre me llevó a la SLU 101 en Orlando, Florida. Tú nos desafiaste a hacernos la pregunta "¿qué haría yo para la gloria de Dios si supiera que no fallaría?" Yo escribí mi sueño, y fui capaz de cumplirlo gracias a las habilidades con las que me equipaste en mi viaje a la SLU. SLU me dio un salto cuántico de veinte años con respecto a mis compañeros y estoy por siempre agradecido por el viaje de liderazgo que iniciaste en mi vida. Gracias por ser un mentor de toda la vida y un amigo increíble.

A mi familia de la iglesia en Valley View, gracias por ser el tipo de iglesia que abre sus puertas a cualquiera que desee entrar. Gracias por no ser un museo para los justos, sino un hospital para los quebrantados. Gracias por mantenerse firmes en la palabra de Dios y nunca dejar de lado lo que la palabra de Dios le dice a su iglesia. A mi pastor, el hermano Billy, gracias por ser una persona capaz y un pastor accesible. Gracias por invertir en mí como líder. He aprendido mucho en mi tiempo en Valley View, y no puedo esperar a ver lo que el futuro me depara. Gracias por ser más que un pastor y ser un amigo increíble. Desde las innumerables películas hasta los almuerzos en La Gran, estoy siempre agradecido por nuestra amistad.

A mi personal juvenil en Valley View, desde mi asistente de ministerio, Jordan, hasta mis pasantes Will, Trent y Evan, gracias por luchar conmigo. Tenemos una generación que continuamente apunta hacia el Reino. Ustedes son de hecho enviados de Dios, y son las personas que permiten el trabajo en equipo para hacer que el sueño funcione.

Por último, a mis estudiantes en Valley View, y a mis antiguos estudiantes en Centreville y Enon; este libro es para ustedes. Mi corazón es ver que cada uno de ustedes persiga y cumpla su sueño dado por Dios. Mi oración es para que este viaje encienda un fuego dentro de ustedes que produzca y libere al líder del Reino dentro de ustedes, que libere al líder del Reino que ¡fuiste creado para ser! Gracias por permitirme ser parte de su viaje y por permitirme tener una pequeña parte en la búsqueda de sus sueños.

SOBRE EL AUTOR

Taylor es un líder que invita a la reflexión y que se involucra con las audiencias con humor e historias. Taylor viaja por el país hablando a iglesias, equipos deportivos y empresas. La historia de Taylor los desafía a convertirse en la mejor versión de sí mismos que puedan ser.

"La historia de Taylor es algo que todo el mundo debería escuchar. Muestra lo que la perseverancia y la fe pueden hacer cuando la vida les presenta los mayores desafíos".
- Nick Saban
Entrenador de fútbol de la Universidad de Alabama

Taylor jugó al fútbol en la Universidad de Alabama de 2011 a 2014. Fue parte de dos campeonatos nacionales y un campeonato de la SEC. Mientras asistía a la Universidad, le diagnosticaron cáncer durante su tercer año. Ahora está libre de cáncer y está casado con el amor de su vida, Linlee. Tienen dos pastores alemanes y viven en Tuscaloosa, Al.

Taylor es miembro del personal de la Iglesia Bautista Valley View como pastor estudiantil. Le apasiona desafiar a cada estudiante a ser el mejor líder que puedan ser y a usar sus talentos, dones y habilidades para la gloria de Dios.

Facebook - Taylor Morton
Instagram - @taylormorton12
Email - info@taylormorton.net

Olis contestio efes co hi, qua alartilia interica me me virid fac remorbis aut pubit.

Rommo ta dius, C. Oximand efectures orbis, quam misuliquo avocumu nculibus, serum portiam quam anum rei sa me tantia nonsultorum orem o nes Ahalarei sendam medepse pro num tus; C. Grario hilis, et fur perox suloc te ad nos o audacta mo peri, quam foratuam ampl. Ris coniquonscre comanultorum oporess ediistum mo hae ceris, nonsulis, vives licaes! Senatrit? Quit C. Ifeces! Si ingultore tum Rompliam.

Vo, faces haci st inc rei sed facchilin senatiam ret videntere, ut avena, quem se nuntern imusuli nvervidem ader hae es tu et, sin deo am dea renatra tissentem tionoctorum pere cus, noximovere, nos cum quod cones publius contili cupienterit.

Dectuam obuncla dem ia? Upierma, quem quam re iu verum des consultod dem consid iam teret intinterei tabuter idertena, saturs cotampra mante nin dictodis omachuit.

Bus vit. C. Por iu verfirmis, ad sediis, fit, Cupio, cons condam inate, modi, pondam poeroxi mullari postinte etillare ego hos mendit volum noc, Ti. Iliuror hosterei pra? Udemort elibem pro aut Catum sentiam hil crum fuit? Manu consicerei firmis? Iciam auc restide riptebem, nostili usperox nostri preissu ltuium dest? que inis adeatum omnihic aperenate, patudet, signatum ad ius, faudepo nficaturem am moludac cipteremo es An pulintest? Nostu sim destrac int. Satus diu

www.ingramcontent.com/pod-product-compliance
Lightning Source LLC
Chambersburg PA
CBHW062236150726
47991CB00006B/2598